ANALIZA KSIĄŻKI

AF137679

Czas odnaleziony

· · · · · · · · · · · · · · · ·

MARCEL PROUST

ANALIZA KSIĄŻKI

Napisany przez Gaëlle Cogan
Przetłumaczony przez Kâmil Kowalski

Czas odnaleziony

MARCEL PROUST

MARCEL PROUST

PISARZ FRANCUSKI

* **Urodzony w 1871 roku w Paryżu**

* **Zmarł w 1922 roku w tym samym mieście**

* **Niektóre z jego prac:**

  ○ *Les Plaisirs et les Jours* (1896), zbiór opowiadań

  ○ *W poszukiwaniu straconego czasu* (1913-1927), cykl powieściowy

  ○ *Przeciwko Sainte-Beuve'owi* (1954), zbiór esejów i fragmentów narracyjnych

Urodzony w 1871 roku Marcel Proust jest głównym francuskim pisarzem XX wieku. Laureat Prix Goncourt w 1919 roku, jego wielkie dzieło *W poszukiwaniu straconego czasu* (1913-1927) wyznaczyło odnowę powieści. To wielowymiarowe dzieło, będące jednocześnie kroniką społeczeństwa Belle Époque, opisem rozterek serca, refleksją estetyczną, filozoficzną i moralną, zadziwiło swoich współczesnych i do dziś jest przedmiotem wielu analiz.

CZAS ODNALEZIONY

OSTATNIE SŁOWO W SPRAWIE BADAŃ

- **Gatunek:** powieść

- **Wydanie źródłowe:** *Le Temps retrouvé*, in *À la recherche du temps perdu*, Paris, Gallimard, coll. «Bibliothèque de la Pléiade», 1989, t. IV, 480 s. (łącznie 1728 s.).

- **Pierwsze wydanie:** 1927 r.

- **Tematy :** Czas, miłość, społeczeństwo, literatura

Siódmy i ostatni tom *W poszukiwaniu straconego czasu*, *Czas odnaleziony*, został opublikowany pięć lat po śmierci Prousta, w 1927 roku. Powieść podzielona jest na trzy części, z których każda dotyczy innego okresu. W pierwszej części narrator przebywa w Tansonville u rodziny St. Loup na krótko przed pierwszą wojną światową. Druga część rozgrywa się w czasie wojny, w Paryżu. Długo później narrator wraca do Paryża i udaje się na zaproszenie do księżniczki Guermantes. Relacja z tego poranka i z tego, co zostaje ujawnione narratorowi, stanowi część trzecią, zamykającą *Czas odnaleziony* i całe *W poszukiwaniu*.

PODSUMOWANIE

W TANSONVILLE

Spacer z Gilberte

Narrator przebywa w Tansonville u rodziny Saint-Loup. Wypady z Gilberte przypominają mu spacery z dzieciństwa. Gilberte odkrywa przed nim, że strona Guermantesa (pragnienie prestiżu) i strona Swanna (pragnienie miłości) nie są nie do pogodzenia. Według narratora mamy "niezaciekawienie" tylko dla kobiet, których już nie kochamy. Ukrywa przed Gilberte, że kiedyś sprzedał wazon, by kupić jej kwiaty.

Portret Roberta de Saint-Loup

Narrator opisuje jego zmianę wyglądu, miłość do Morela, kłamstwa wobec Gilberte i przewagę w nim typu Guermantes. Następnie rozmawia o Albercie z Gilberte.

Odczyt niepublikowanego dziennika Goncourtów

Na tych stronach, dotyczących salonu Verdurina, pojawiają się przemyślenia narratora na temat literatury. Zauważa, że ludzie i miejsca interesują go tylko wtedy, gdy najpierw zetknął się z nimi w sztuce, i ubolewa nad brakiem talentu literackiego.

W CZASIE WOJNY

Powrót do Paryża

W 1916 roku narrator wraca do Paryża. Przedstawia nową modę kobiecą i zmiany w świecie: pani Verdurin, która jest bardzo modny, ma nowych zwolenników i stara się odnowić swój związek z Odette.

Narrator wspomina swoje spotkanie z Saint-Loupem na początku wojny. Saint-Loup, kierowany szczerym patriotyzmem, robi wszystko, by zostać wcielonym do wojska, natomiast Bloch, patriotyczny dopóki myśli, że zostanie zreformowany, staje się antymilitarystyczny, gdy tylko zostanie uznany za zdolnego do służby. Narrator zastanawia się nad ideałem męskości i rolą, jaką odgrywa on dla homoseksualistów.

Jego słabość zmusza narratora do udania się do domu opieki. List od Gilberte'a informuje go, że Niemcy zajęli Tansonville.

Po powrocie do Paryża, rozemocjonowany narrator otrzymuje krótką wizytę od Saint-Loupa, który jest na urlopie. Ich rozmowa dotyczy piękna nocnych nalotów i strategii wojennych. Narrator stwierdza, że inteligencja Saint-Loupa jest bardziej błyskotliwa niż wcześniej.

Spotkanie z M. de Charlus

Podczas nocnego spaceru po Paryżu narrator spotyka M. de Charlus, który z wiekiem stracił swoją pozycję społeczną: jest kwestionowany w domu pani Verdurin i oczerniany w kronice swojego dawnego protegowanego, Morela. Narrator odnosi się do wygodnego patriotyzmu pani Verdurin, jarmarcznych opinii Odette i germanofilii M. de Charlus. Baron chciałby odnowić znajomość z Morelem, ale dowiadujemy się, że Morel nie chce ponownie zobaczyć Charlusa, ponieważ się boi – strach ten okazuje się uzasadniony.

W hotelu

Po opuszczeniu Charlusia narrator szuka hotelu, w którym mógłby ugasić pragnienie. Znajduje jeden, w którym wydaje mu się, że widzi wychodzącego Saint-Loupa. W hotelu narrator podsłuchuje rozmowy żołnierzy i robotników, słyszy zwroty o łańcuchach i związanym mężczyźnie. Podejrzewając sprawę kryminalną, prosi o pokój i ze zdumieniem stwierdza, że M. de Charlus w łańcuchach jest kastrowany przez żołnierza, który wygląda jak Morel. Na scenę wkracza Jupien, któremu Baron skarży się na żołnierza, który nie jest wystarczająco brutalny jak na jego gust. Następnie narrator dowiaduje się, że w hotelu znaleziono krzyż wojenny, po czym jest świadkiem kokieterii barona otoczonego przez dwór młodych mężczyzn. Nagle wybucha bombardowanie, które przypomina narratorowi o katastrofie w Pompejach.

Śmierć Saint-Loup'a

Wracając do domu, narrator dowiaduje się, że Saint-Loup źle umieścił swój krzyż wojenny. Wkrótce po powrocie na front Saint-Loup umiera, wywołując u księżnej Guermantes niespodziewaną żałobę. Morel zostaje aresztowany za dezercję i wysłany na front, gdzie zachowuje się dzielnie.

PORANEK Z KSIĘŻNICZKĄ GUERMANTES

Z M. de Charlus

Po długim pobycie w domu opieki narrator wraca do Paryża i wyrusza w świat. Na Polach Elizejskich spotyka wiekowego rekonwalescenta M. de Charlus w towarzystwie Jupiena, który informuje go o figlach barona. Słowa Charlusa są niejasne, ale jego pamięć jest nienaruszona.

Objawione powołanie

Docierając na dziedziniec hotelu Guermantesów, narrator potyka się nagle na nierównym bruku i doznaje uczucia błogości podobnego do tego, którego doświadczył podczas epizodu z madeleine (zob. *W stronę Swanna*): nierówny bruk przypomniał mu Wenecję. Wkrótce potem, w salonie-bibliotece Guermantesa, brzęk łyżki na talerzu i ciężar serwetki sprawiły, że uznał, iż najprostsze doznania zamknięte są w osobliwej atmosferze przeszłości, którą potrafią przywołać o wiele lepiej niż inteligencja, i że ich kontemplacja jest jedyną "owocną i prawdziwą" przyjemnością (s. 875). Postanawia podjąć pracę, która da mu dostęp do rzeczywistości, którą każdy nosi w sobie, a do której nie prowadzi bezpośrednia przyjemność. Widząc w bibliotece *François le Champi* (powieść George Sand, francuskiej powieściopisarki, 1804-1876) swojego dzieciństwa, dochodzi do wniosku, że książki pozostają przywiązane do osoby, którą byliśmy, gdy je czytaliśmy.

Literatura, pisarz, czytelnik

Następnie narrator określa swoją wizję literatury, pisarza i czytelnika. Odrzuca sztukę zaangażowaną i teoretyczne zarozumialstwo; tylko prawdziwa sztuka pozwala odnaleźć życie. Z jednej strony są prawdy, do których pisarz dociera, sondując własną głębię, z drugiej zaś prawdy inteligencji, dotyczące namiętności, moralności i charakterów, które odkrywa, obserwując otaczających go ludzi: nawet najbardziej ukochane osoby "w końcu tylko mu pozowały, jak w przypadku malarzy" (s. 905). Tworzywem dzieła jest przeszłe życie, które pisarz przechował w najdrobniejszych szczegółach. Narrator dodaje, że każde dzieło jest wytworem osobliwej wrażliwości – wrażliwości jego autora – i w ten sposób pozwala czytelnikowi widzieć innymi oczami: artyści udostępniają światy, których pejzaże bez nich "pozostałyby dla nas tak nieznane, jak te, które mogą być na księżycu" (s. 895). Czytelnik jest także czytelnikiem własnego życia: dzieło jest "instrumentem optycznym" (s. 811), który pozwala mu rozeznać się w tym, czego być może nie dostrzegłby samodzielnie lub tylko mylnie.

Wpływ czasu

Kiedy narrator dołącza do innych gości, następuje dramatyczny zwrot akcji: wszyscy wydają się przebrani wiekiem, a on ma objawienie, że i dla niego czas upłynął. Niektóre są upiększone lub uszlachetnione przez maskę czasu, inne ulegają całkowitej metamorfozie. Czas ujawnia nieprzewidziane podobieństwa między krewnymi, przywraca względy niektórym, którzy kiedyś byli wstydliwi, a innym każe zapomnieć o ich dawnej wielkości. Bohaterowie wprowadzeni przez cały czas trwania *"Poszukiwania"* są obecni, ale czas przekonfigurował ich relacje: Odette, której twarzy czas oszczędził, ale która jest na skraju starości, ma romans z księciem Guermantes; pani Verdurin, dzięki spektakularnemu awansowi, przeistoczyła się w księżniczkę Guermantes; Rachel stała się modną aktorką i upokarza La Bermę, niegdyś największą tragedię swoich czasów; Gilberte ma dawnego przyjaciela Albertyny, Andrée, i przedstawia narratorowi swoją nastoletnią córkę.

Narodziny dzieła

Czas jest ostrogą, która popędza narratora do pracy: dzieło jest katedrą, której budowie nieustannie zagraża śmierć osoby, która ją w sobie nosi, lub awaria jej pamięci. W przejmującym finale, który zamyka *Poszukiwanie,* narrator pokazuje nieustanną, wyczerpującą i nocną pracę pisarza nad wydobyciem jego dzieła na światło dzienne.

ANALIZA POSTACI

NARRATOR

Narrator, alter ego autora, jest wrażliwym mężczyzną o słabym zdrowiu, który w *Le Temps* przechodzi przez wiek dorosły i dochodzi do wieku starczego. Kawaler, mieszka sam w paryskim mieszkaniu ze swoją pokojówką i lokajem, gdy nie przebywa u rodziny Saint-Loup lub w domu opieki. Obeznany ze światem, w którym z przerwami przebywa, z jasnością i finezją analizuje ludzką naturę i namiętności. Tajemnica dzieła literackiego, które chciał napisać od dzieciństwa, zostaje mu wyjawiona w połowie *Czasu odnalezionego*.

GILBERTE DE SAINT-LOUP

Córka Charlesa i Odette Swann, która po ślubie z Robertem de Saint-Loup została panią de Saint-Loup, jest dawną towarzyszką zabaw narratora i matką młodej pani de Saint-Loup. Oszukana i nieszczęśliwa żona w pierwszej części, chatelaine w Tansonville opierająca się niemieckiemu natarciu podczas wojny, pod koniec *Czasu odnalezionego* zmienia się w światową i nieco pedantyczną matronę, w której narratorowi trudno rozpoznać swoją młodzieńczą miłość.

ROBERT DE SAINT-LOUP

Syn pani de Marsantes, bratanek barona de Charlus i księcia de Guermantes, mąż Gilberte i przyjaciel narratora, Saint-Loup to przede wszystkim Guermantes. Odwrócony, ma romans z Morelem i odwiedza męskie miejsca przyjemności, co ukrywa przed żoną kłamiąc i przed światem utrzymując kochanki. Wysłany na front, ginie bohatersko w walce.

BARON CHARLUS

Baron de Charlus, stary przyjaciel narratora, należy do rodziny Guermantes. Mimo swojej "rzadkiej wartości intelektualnej" (s. 766), jest uznawany w świecie za staroświeckiego i oskarżany o germanizm, co kosztuje go utratę statusu społecznego. Ma niezaspokojoną namiętność do Morela, który traktuje go okrutnie, uprawia masochistyczne przyjemności i woli towarzystwo paryskich łobuzów niż towarzystwo śmietanki. Narrator spotyka go po wojnie, gdy baron jest znacznie osłabiony przez wylew.

LES GUERMANTES

Rodzina Guermantes była obiektem fascynacji narratora w dzieciństwie, charakteryzuje się pewną fizjonomią, pewnym duchem i najbardziej prestiżowym arystokratycznym rodowodem. Z linii Guermantes pochodzą książę i księżna Guermantes, baron de Charlus i Saint-Loup. Jedną z niespodzianek powieści jest informacja, że pani Verdurin została, przez sprytne trzecie małżeństwo, księżniczką Guermantes.

ODETTE

Matka Gilberte, po drugim małżeństwie przyjęła nazwisko pani de Forcheville. Narrator porównuje jej urodę, oszczędzoną przez czas, do urody "wysterylizowanej róży" (s. 950). Jest kochanką księcia de Guermantes i proponuje narratorowi opowiedzenie o swoich dawnych miłościach, mając nadzieję, że posłuży mu za wzór do pracy. Pod koniec *Czasu odnalezionego* pogrąża się w starości.

KLUCZE CZYTANIA

GENEZA DZIEŁA

Czas odnaleziony daje nam wskazówki dotyczące material-
nych warunków tworzenia, sposobu pisania Prousta i odbioru
pierwszych wersji jego dzieła, wskazówki, o których informuje nas narrator lub które możemy rozszyfrować w pewnych cechach tekstu.

Dzieło zagrożone śmiercią

Kiedy w 1919 roku Proust otrzymał Nagrodę Goncourtów za *À
l'ombre des jeunes filles en fleurs*, był już bardzo chory. W niektóre dni gwałtowne ataki astmy uniemożliwiały mu pracę.
Obawiał się, że nie będzie w stanie dokończyć swojego dzieła,
nad którym pracował niestrudzenie i do wyczerpania w nocy,
w swoim pokoju chronionym przed hałasem przez korek
wyściełający ściany. W *Czasie odnalezionym* pisze:

Dobrze wiedziałem, że mój mózg to bogate zagłębie górni-
cze, w którym znajdował się ogromny i bardzo zróżnicowany
wachlarz cennych złóż. Ale czy miałbym czas, żeby je wyko-
rzystać? Byłem jedyną osobą zdolną do tego. Z dwóch powo-
dów: wraz z moją śmiercią zniknąłby nie tylko jedyny górnik
zdolny do wydobycia tych rud, ale i samo złoże (s. 1037)

Jednak 18 listopada 1922 roku, kiedy Proust zapadł na zapa-
lenie płuc, miał już skończoną powieść.

Dzieło w ciągłej ewolucji

Ze względu na ograniczony czas Proust nie był w stanie przerobić *Czasu odnalezionego* w takim stopniu, jak początku *Poszukiwania:* To właśnie ta część powieści przedstawiona jest w najbardziej niedokończonym stanie, a więc jest to także ta, w której dodatki w postaci béquets (według *Trésor de la langue française* "kawałek papieru dodany na marginesie rękopisu, w celu wprowadzenia dodatku lub modyfikacji") i "paperoles" (jak asystentka, sekretarka i przyjaciółka Prousta, Céleste Albaret, nazywała skrawki papieru, które wklejała na marginesach rękopisów, aby mógł do nich dopisywać nowe fragmenty) są najliczniejsze. Kilka niekonsekwencji narracyjnych, takich jak ponowne pojawienie się postaci uznanych za zmarłe lub pojawienie się postaci wprowadzonych już kilka stron wcześniej, to wzruszające ślady pośpiechu, z jakim Proust musiał ukończyć swoje dzieło.

Te cechy dają czytelnikowi wgląd w sztukę pisania Prousta. Nieustannie poprawiając maszynopisy, przepisując, przekreślając, wzbogacając zeszyty o nowe notatki, porównuje swoją pracę w *Czasie odnalezionym* do pracy krawcowej: "Przypinając tu dodatkowy arkusz, zbudowałbym moją książkę, nie śmiem powiedzieć ambitnie jak katedrę, ale całkiem zwyczajnie jak suknię." (s. 1033)

Dzieło niezrozumiane przez współczesnych

Mimo, że Nagroda Goncourtów uświęciła twórczość Prousta i przyniosła mu względną sławę, czuł on, że jego postawa literacka została źle zrozumiana. *Czas odnaleziony* opowiada o tym, jak pierwsze wersje dzieła Prousta zostały odebrane, a raczej jak Proust myślał, że zostały odebrane:

Wkrótce będę mógł pokazać kilka wersji wstępnych. Nikt nic nie rozumiał. Nawet ci, którzy byli zwolennikami mojego postrzegania prawd, które chciałem wyryć w czasie, gratulowali mi, że odkryłem je za pomocą "mikroskopu", podczas gdy zamiast tego użyłem teleskopu, aby zobaczyć rzeczy, rzeczywiście bardzo małe, ale dlatego, że znajdowały się w dużej odległości, a które były każdym światem. Tam, gdzie szukałem wielkich praw, nazywano mnie kopaczem szczegółów. Poza tym, jaki był tego sens (str. 1041).

Jednak temu nieporozumieniu mogły przeciwstawić się jedynie artystyczne rozważania *Czasu odzyskanego*, które stanowią klucz do całości *Poszukiwania*.

CZAS ODNALEZIONY, SZTUKA POETYCKA

Sztuka poetycka to zespół reguł, których celem jest piękno w sztuce, a szczególnie w literaturze. Proust poświęca cały rozdział *Czasu odnalezionego* na zdefiniowanie tego, czym jest twórczość literacka i artystyczna: narrator długo przygląda się temu, jak napisać dzieło, jest to literacka strata, ponieważ dzieło, które opisuje, pod każdym względem przypomina to, które czytelnik ma przed sobą.

Odrzucenie sztuki zaangażowanej, realistycznej czy intelektualnej

Proust opiera swoją teorię literatury na odrzuceniu pewnych koncepcji artystycznych:

- Według niego artyści-patrioci są w błędzie, bo "prawdziwa sztuka nie korzysta z proklamacji i realizuje się w milczeniu" (s. 881);

- Jeśli chodzi o literaturę realistyczną, która "zadowala się 'opisywaniem rzeczy', podawaniem jedynie nędznego zapisu linii i powierzchni", to jest ona "najdalsza od rzeczywistości, ta, która najbardziej nas zubaża i zasmuca, ponieważ gwałtownie odcina wszelką łączność naszego obecnego 'ja' z przeszłością" (s. 885);

- Dzieła intelektualne, które dają chlubę teoriom, również nie znajdują przychylności w jego oczach: Proust uważa je za tak nieeleganckie, jak "przedmiot, na którym zostawia się ślad ceny" (s. 882).

Według niego sens artystyczny musi być absolutnym podporządkowaniem się wewnętrznej rzeczywistości.

Praca pisarza

Zadaniem pisarza jest objaśnianie życia, rozszyfrowywanie go tak, by w końcu stało się zrozumiałe. Pisarz jest tłumaczem, który przekształca w książkę minione godziny, które nosi w sobie.

Godzina to nie tylko godzina, to naczynie wypełnione perfumami, dźwiękami, projektami i klimatami. To, co nazywamy rzeczywistością, jest pewną relacją między tymi doznaniami i wspomnieniami, które otaczają nas jednocześnie […], wyjątkową relacją, którą pisarz musi znaleźć, aby w swoim zdaniu połączyć na zawsze te dwa różne pojęcia. (s. 889)

Zadanie pisarza jest trudne, bo realizowane w radykalnej samotności i wymagające zagłębienia się w bolesne nieraz pokłady pamięci. Ale oferuje przede wszystkim radości, zwłaszcza kontemplację tego, co "najcenniejsze i zazwyczaj nam nieznane, naszego prawdziwego życia, rzeczywistości, którą odczuwaliśmy i która tak bardzo różni się od tego, w co wierzymy" (s. 881).

Przeszłe życie jako materiał do pracy

Wspomniane wcześniej "cenne pokłady" to przeszłe doświadczenia – przyjemność, czułość, lenistwo i ból – które tworzą "rezerwę podobną do tego białka, które jest złożone w jaju roślin i z którego te ostatnie czerpią pożywienie, aby przekształcić się w nasienie" (s. 899). Życie pisarza byłoby więc niczym innym, jak tylko długim przygotowaniem do pracy pisarskiej. Od wszystkich ludzi, których spotyka w ciągu życia, pisarz zachowywał gest, mimikę, szczególny sposób wyrażania się, które rekombinował wedle upodobania, by wcielić w postać psychologiczną prawdę. Ten "szkicownik" (s. 900), tworzony w ciągu całego życia, pozwoliłby pisarzowi wyciągnąć z poszczególnych cech ogólne prawa dotyczące ludzkich namiętności.

Pamięć mimowolna jako narzędzie pisarskie

Tajemnica, którą narrator przeczuwał w *W stronę Swanna,* zostaje rozwiązana w *Czasie odnalezionym*: błogość, jaką fundują mu nierówności kostki brukowej na podwórzu, dźwięk łyżki dotykającej talerza i ciężar serwetki, uświadamiają mu, że istota rzeczy nie jest dostępna ani przez bezpośrednią percepcję, ani przez pamięć dobrowolną, lecz jedynie przez pamięć mimowolną. Dobrowolna, intelektualna pamięć daje nam jedynie wysuszony rachunek przeszłości, nie dając nam odczuć jej żywej substancji. Ale pamięć mimowolna budzi się pod wpływem wrażenia (dźwięku, światła, zapachu, smaku, faktury lub wszystkiego naraz), które przywołuje dawne spostrzeżenie; wraz z tym spostrzeżeniem pojawia się cały świat, który uważano za niedostępny:

Gest, najprostszy akt pozostaje zamknięty jak w tysiącu zamkniętych waz, z których każda byłaby wypełniona rzeczą, kolorem, zapachem, temperaturą absolutnie odmienną; nie mówiąc już o tym, że te wazy, rozmieszczone na całej wysokości naszych lat, podczas których nie przestaliśmy się zmieniać, choćby tylko w naszych marzeniach i myślach, znajdują się na bardzo różnych wysokościach i dają nam odczuć osobliwie różne atmosfery. (s. 870)

To właśnie te zapachy, te kolory, wszystkie te szczegóły, pisarz musi starać się przepisać do dzieła, aby odzyskać stracony czas.

ODNALEZIONY "ŚWIAT" CZASU

Świat, do którego młody narrator był tak przyciągnięty w *W stronę Guermantes*, zmienił się: to społeczeństwo przekształcone przez czas, które narrator, rozczarowany i chętnie szydzący, odnajduje na matni u Guermantesów.

Odczarowany świat

Narrator wyobraża sobie młodego sobowtóra samego siebie, dla którego spotkania towarzyskie wciąż kryją tajemnice i cuda. Wmawia sobie, że "rzeczy nie mają mocy same w sobie, bo to my dajemy im moc" i że jeśli młody mieszczanin, którym się wyobraża, ma taką fascynację, "to dlatego, że jest jeszcze w wieku wierzeń", który sam przeszedł i z którego "stracił przywilej, jak po pierwszej młodości traci się władzę, którą mają dzieci w rozkładaniu mleka na strawne frakcje" (s. 858). Jeśli świat nie sprawuje już władzy nad narratorem, to także dlatego, że zna on jego działanie i mistyfikacje, a przez jego najwybitniejszych członków witany jest jak stary przyjaciel.

Świat podlegający czasowi

Wchodząc do salonu księżniczki Guermantes, narrator nie rozpoznaje zmienionych wiekiem twarzy dawnych znajomych, których dawno nie widział. Szybko jednak uświadamia sobie, że czas "jak i na samych istotach" "wywarł swoją chemię na społeczeństwie" (s. 956). Stare więzi, które łączyły bohaterów, zostały rozwiązane i powstały nowe: Gilberte jest teraz przyjaciółką Andrée, a pani de Forcheville kochanką księcia de Guermantes.

Krótkotrwała pamięć ludzi świata chętnie zniekształca przeszłość na ich korzyść: w ten sposób księżna Guermantes, która wyśmiewała Rachelę podczas jej pierwszego występu teatralnego w swoim domu, zaświadcza narratorowi, teraz, gdy Rachel stała się sławna, że to ona ją wylansowała. Zapomina się o genealogii ludzi, o ich dawnej reputacji, o powodach, dla których sprzymierzyli się lub sprzeniewierzyli z tą czy inną rodziną, a ludzie uważani niegdyś za genialnych są zdegradowani (księżna Guermantes), podczas gdy dawni łajdacy zajęli miejsce wybitne (Bloch).

Ignorancki świat

Narrator po raz kolejny zauważa w *Czasie odnalezionym,* że ludzie świata, mimo wielkich pretensji, nie wiedzą nic o sztuce. Gość księżniczki Guermantes nie rozpoznaje w tekście recytowanym przez Rachel wiersza Jeana de La Fontaine'a (poeta francuski, 1621-1695) i nikt nie myśli o poprawieniu jego błędu. We wcześniejszym odcinku baron de Charlus zostaje uznany za niemodnego, mimo że był jednym z najbardziej subtelnych i oryginalnych umysłów swoich czasów. Narrator, który bywał na salonach głównie po to, by realizować przyjemności i założyć swój "szkicownik", wycofuje się z nich, gdy zaczyna pisać książkę. Porzuca obowiązki społeczne, woląc poświęcić swoje siły "egoistycznym wymaganiom pracy" (s. 1042).

MATERIAŁ DO PRZEMYŚLEŃ

KILKA PYTAŃ DLA POGŁĘBIENIA REFLEKSJI...

- Wyjaśnij i skomentuj ten cytat z *Czasu odnalezionego*: "Prawdziwym życiem, życiem ostatecznie odkrytym i wyjaśnionym, jedynym więc naprawdę przeżytym, jest literatura; to życie, które w pewnym sensie mieszka w każdej chwili we wszystkich ludziach, a także w artyście. Ale oni tego nie widzą, bo nie dążą do wyjaśnienia. I tak ich przeszłość jest zapchana niezliczonymi banałami, które pozostają bezużyteczne, ponieważ inteligencja ich nie rozwinęła." (s. 895)

- Podczas poranka w domu księżnej Guermantes narrator rozpoznaje Rachel, która jest pogrążona w głębokiej rozmowie z księżną Guermantes (s. 991). Nieco później pozornie nieznana aktorka recytuje wiersze (s. 1001): dzięki interwencji przyjaciela narrator ponownie rozpoznaje Rachel. Wyjaśnij tę niespójność narracyjną.

- Proust odrzuca teorie literackie, według których artysta powinien "traktować tematy, które nie są frywolne ani sentymentalne, ale [...] wielkie ruchy robotnicze, a jeśli nie tłumy, to przynajmniej nie bardziej nieistotnych próżniaków [...] szlachetnych intelektualistów, lub bohaterów" (s. 881). Co o tym sądzisz? Uzasadnij.

- Wielka wojna zajmuje całą drugą część *Czasu odzyskanego*. Jak jest ona przedstawiana przez narratora? Czy wyczuwasz jakąś stronniczość? Jakie postacie i wydarzenia historyczne rozpoznajesz?

- Namiętność miłości, choć mniej wyeksponowana niż w innych tomach *Poszukiwania,* jest obecna także w *Czasie odnalezionym.* Podaj jej przykłady i opisz jej modalności i cechy charakterystyczne.

- Proust był wielkim malarzem relacji światopoglądowych. Jacy inni pisarze próbowali opisać świat i wskazać jego śmieszność?

- Jak, Twoim zdaniem, można by oddać w adaptacji filmowej końcowy segment *Poszukiwania, Czas odnaleziony, a* zwłaszcza momenty mimowolnej reminiscencji?

- O świecie pisze Proust: "Pewien zespół arystokratycznych uprzedzeń, snobizm, który w przeszłości automatycznie odrzucał z imienia Guermantes wszystko, co z nim nie współgrało, przestał funkcjonować. Rozluźnione lub złamane, sprężyny represyjnej maszyny już nie działały, tysiąc obcych ciał wniknęło w nią, ograbiając ją z wszelkiej jednorodności, wszelkich zachowań, wszelkich barw. Faubourg Saint-Germain, jak starsza pani w podeszłym wieku, odpowiadała jedynie nieśmiałymi uśmiechami na bezczelne służki, które wdzierały się do jej salonów, piły jej oranżadę i przedstawiały ją swoim paniom." (s. 957) Skomentuj.

- Roland Barthes (francuski semiolog i pisarz, 1915-1980) opublikował w 1967 roku artykuł zatytułowany "Proust i nazwiska", w którym napisał: "Proustowskie nazwisko jest samo w sobie i we wszystkich przypadkach odpowiednikiem całej pozycji słownikowej: nazwisko Guermantes natychmiast obejmuje wszystko, co pamięć, użycie i kultura mogą w nim umieścić." (BARTHES R., «Proust et les noms», Œuvres *complètes,* Paris, Seuil, 2002, s. 66-77). Skomentuj na przykładach z *Czasu odnalezionego.*

DALSZE CZYTANIE

WYDANIE REFERENCYJNE

PROUST M., *À la recherche du temps perdu*, Paris, Gallimard, kolekcja «Bibliothèque de la Pléiade», 1989.

ADAPTACJA

Le Temps retrouvé, film Raoula Ruiza, z Catherine Deneuve, Vincentem Perezem i Johnem Malkovichem, 1999.

Chcemy usłyszeć od Ciebie, co się dzieje!
Zostaw komentarz na temat swojej internetowej biblioteki
i podziel się swoimi ulubionymi książkami w mediach społecznościowych!

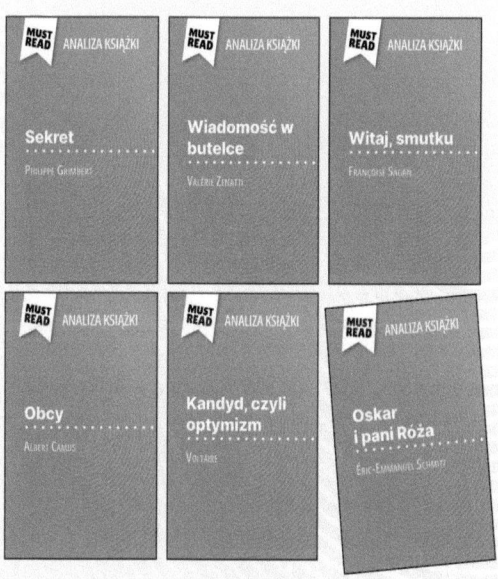

Wydawca zapewnia o wiarygodności publikowanych informacji, co jednak nie może wiązać się z jego odpowiedzialnością.

www.50minutes.com

Master ISBN: 9782808693967
Papierowy ISBN: 9782808615365
Depozyt prawny: D/2023/12603/1816

Verhaal: © Primento

Projekt cyfrowy: Primento, cyfrowy partner wydawców.